ERNST ZITELMANN

DIE RECHTSFRAGEN DER LUFTFAHRT

DIE RECHTSFRAGEN DER LUFTFAHRT

VORTRAG GEHALTEN IN DER ERÖFFNUNGS=
SITZUNG DES DRITTEN INTERNATIONALEN
KONGRESSES FÜR LUFTRECHT ZU FRANK-
FURT AM MAIN AM 25. SEPTEMBER 1913
VON
ERNST ZITELMANN

MÜNCHEN UND LEIPZIG
VERLAG VON DUNCKER & HUMBLOT
1914

Alle Rechte vorbehalten.

Altenburg
Pierersche Hofbuchdruckerei
Stephan Geibel & Co.

Wenn ich, der Aufforderung des Ausschusses folgend, hier zu einem wissenschaftlichen Vortrag das Wort nehme, so habe ich nicht im Sinn, über eine einzelne Frage des Luftfahrtrechtes neue wissenschaftliche Erörterungen vorzutragen; ich müßte sonst auf den Gegenstand früherer Verhandlungen unserer Vereinigung zurückgreifen oder den neu bevorstehenden Verhandlungen vorgreifen. Beides würde unangebracht sein. Ich meine vielmehr, der Absicht der Einladung, die mir zuteil geworden ist, besser zu entsprechen, wenn ich mir ein anderes Ziel setze.

In den bedeutungsvollen Begrüßungsansprachen, die wir soeben gehört haben, ist schon mehrfach von Einzelfragen des Luftfahrtrechtes und von der Wichtigkeit unseres Kongresses die Rede gewesen. Ich möchte nun den bescheidenen Versuch machen, in dem kurzen Zeitraum einer Stunde alle die verstreuten Züge zu einem einheitlichen Bilde zu sammeln und in geordnetem systematischen Zusammenhang Ihnen den gesamten Inhalt des Luftfahrtrechts und die Bedeutung seiner internationalen Behandlung darzulegen; und zwar will ich nur die Fragen selbst aufzeigen und auf ihre Wichtigkeit hinweisen, nicht die Antworten geben, wie ich sie selber für richtig halte. Dabei macht es nichts aus, daß die Fragen, über die ich berichte, im einzelnen schon bekannt sein mögen: auf ihre Ordnung und die zusammenfassende Betrachtung kommt es mir an. Ich werde es auch nicht vermeiden können, auf Gedanken zurückzukommen, die ich selbst vor vier Jahren in dieser schönen gastlichen Stadt auf der internationalen Luftschiffahrtsausstellung bereits vortragen durfte. Aber die Ausführungen, die ich mich soeben zu machen anschicke, sind von einem anderen Punkte aus orientiert als die damaligen; auch ist die ganze Angelegenheit inzwischen ein großes Stück vorwärtsgekommen.

Ich wende mich daher auch mit meinen Ausführungen in erster Linie nicht an meine gelehrten Herren Fachgenossen, die aus aller möglichen Herren Ländern hier zusammengekommen sind, sondern an den weiteren Kreis derer, die, ohne Fachjuristen des Luftfahrtrechts zu sein, ihr Interesse für dieses Recht dadurch beweisen, daß sie hier erschienen sind — es ist vielleicht nicht unhöflich, wenn ich die Meinung ausspreche, daß doch mancher nur eine undeutliche Vorstellung von dem besitzt, was den Inhalt des Luftfahrtrechts bildet. Und ich möchte weiter auch aus dem Fenster hinaus zu allen denjenigen sprechen, die in praktischen Berufen irgendwie mit der Luftfahrt zu tun haben, als Luftfahrer, als Fabrikanten usw.: ihr Verständnis und ihr Interesse für die Fragen des Luftfahrtrechts wäre in hohem Maße wertvoll, und doch glaube ich zu beobachten, daß dieses Verständnis und dieses Interesse noch nicht in genügendem Maße vorhanden ist. Die allgemeine Aufmerksamkeit ist auf die von Tag zu Tag in geradezu verblüffender Weise fortschreitende technische Vervollkommnung gerichtet, aber daß die Mitarbeit der Juristen hierbei vollkommen unentbehrlich ist, das pflegen sich die meisten nicht genügend klar zu machen. Man darf überhaupt wohl sagen, daß die Jurisprudenz, soviel Juristen es auch gibt, eine der unbekanntesten, ihrem Wesen nach am wenigsten gewürdigten geistigen Tätigkeiten ist. Die Nichtjuristen stellen sich die Jurisprudenz leicht als eine ältere, behäbige, etwas pedantische Dame vor, die am liebsten fern vom Leben und seinen flutenden neuen Möglichkeiten geruhig in den vergilbten Blättern alter Gesetzbücher herumstöbert. Indes wie falsch ist diese Auffassung! Was ist denn das Recht? Recht ist Form. Aber den Inhalt für diese Form gibt das Leben selbst, und ein jeder weiß, daß die Form, wie sie den Inhalt bestimmt, doch auch durch den Inhalt bestimmt wird, und daß der

eine Inhalt eine andere Form braucht als der andere.
Recht ist Ordnung, Ordnung des gesellschaftlichen
Lebens. Aber das gesellschaftliche Leben, das den
Stoff für diese Ordnung abgibt, ist an sich schon vor
dem Recht da. Recht ist Lösung von Interessenkonflikten, es ist seine Aufgabe, die möglichen Widerstreite zwischen den Interessen von vornherein durch
Abgrenzung der Interessengebiete zu schlichten. Aber
diese Interessen und damit die Interessenkonflikte
gehen aus der Natur der Menschen und der Verhältnisse, in die sie hineingestellt sind, von selbst hervor.
Also: diesen Inhalt, diesen Stoff, diese Aufgaben
des Rechts stellt die Wirklichkeit, und daraus ergibt
sich von selbst, daß jede Änderung der Wirklichkeit
auch auf das Recht selbst zurückwirkt. Jede neue
menschliche Betätigung, jede neue Entdeckung und
Erfindung bringt notwendig neue Interessenkonflikte
mit sich, und damit stellt sie auch dem rechtlichen
Denken sofort neue Aufgaben und drängt ihm neue
Fragen auf, die Antwort erheischen. Man mag es bedauern oder sich darüber freuen, die Juristen, oder
— wie ich lieber unpersönlich sagen will — die Jurisprudenz ist nirgends entbehrlich; im Gewühl der
Straße, im Kontor, auf der Börse und in der Fabrik
ist sie dabei, mit dem Landwirt wandert sie auf das
Feld, mit dem Schiffer zieht sie über das Meer, sie
steigt mit dem Bergmann in die Tiefe der Erde, und

so erhebt sie sich auch mit dem Luftfahrer in das leichteste und beweglichste Element, in die Luft. Und wenn einer Flügel der Morgenröte nähme und flöge bis ans äußerste Meer, er würde die Jurisprudenz doch auch dort finden, und bald würden die Juristen sich in die Notwendigkeit versetzt sehen, ein eigenes Recht für morgenrötliche Flüge zu konstruieren.

Das gerade ist der eigentümliche, mit nichts vergleichbare Reiz der Jurisprudenz, das ist — ich möchte das kühne Wort wagen — die Poesie der Beschäftigung mit ihr: dieses beständige Lauschen und Lauern auf alles Neue, was sich in der Tatsachenwelt der menschlichen Gemeinschaft herausbildet, dieses beständige die Hand am Puls des wirklichen Lebens Halten. Allem muß die Jurisprudenz gerecht werden können. Und darum ist die wichtigste Forderung an den Juristen die: er darf kein s t a r r e s System haben, für ihn ist dieser Typus durchaus zu verwerfen, nur das unstarre System ist für ihn berechtigt!

Wenn ich mich nun der Betrachtung zuwende, welche neuen Aufgaben der Jurisprudenz gerade durch die Entwicklung der Luftfahrt gestellt werden, so sondert sich sofort ein ganzes großes Gebiet von Fragen ab, die einer eigenen Behandlung für sich bedürfen: in seiner Wichtigkeit übertrifft es in gewissem Sinn alle anderen. Diese Fragen ergeben sich daraus, daß die Staaten die Luftfahrt in den Dienst der nationalen Rüstung, der Verteidigung und des Angriffs, gestellt haben: die Luftfahrzeuge werden in allen künftigen Kriegen eine wichtige Rolle spielen. Es gibt demnach Kriegsfahrzeuge, d. h. solche Fahrzeuge, mit denen der Staat in seiner Eigenschaft gerade als Staat, also seiner besonderen staatlichen Zwecke halber die Luftfahrt betreibt. Damit tritt sofort eine ganze Reihe von rechtlichen Fragen auf, und zwar von Fragen völkerrechtlicher Art. Denn das Völkerrecht hat es — wenigstens wenn man an der Begriffsbestimmung festhält, die bisher gebräuchlich ist — gerade mit den Rechten und Pflichten zu tun, die den Staaten in ihrer Eigenschaft als Staaten anderen Staaten gegenüber erwachsen. Dadurch aber, daß der Staat als Staat Luftfahrt betreibt, kann er mit anderen Staaten in mannigfache tatsächliche Beziehung kommen, im Krieg wie im Frieden, und diese Beziehungen erheischen rechtliche Ordnung.

Zunächst im Krieg. Denn der Krieg, so sehr er alle rechtlichen Ordnungen zu zerbrechen und den Urzustand wieder herzustellen scheint, ist doch ein Rechtsverhältnis, damit meinen wir: er ist ein tatsächliches Verhältnis, das in vielfacher Hinsicht von Rechtsregeln beherrscht wird, Rechtsregeln, die in mannigfachen völkerrechtlichen Konventionen, und so noch neuerdings in den Beschlüssen der Haager Friedenskonferenzen schon teilweise ihren Ausdruck gefunden haben. Alle die Rechtsfragen allerschwierigster Art, die im Landkrieg und Seekrieg auftreten, können nun auch für den Krieg mit Luftfahrzeugen erwachsen, sie kehren hier in besonderer Färbung wieder: wollte ich alle diese Fragen einzeln nennen — gerade dieses Gebiet hat durch einige hier anwesende Herren eine ausgezeichnete Bearbeitung gefunden —, so müßte ich die sämtlichen Fragen aufführen, die im Völkerkriegsrecht überhaupt behandelt werden. Es wird genügen, wenn ich einige Beispiele nenne. Zunächst das Verhältnis der beiden kriegführenden Staaten zueinander. Welche Fahrzeuge sind Kriegsfahrzeuge? Wann darf ein Luftfahrer im Kriege als Spion behandelt werden? Ist die Genfer Konvention über die Behandlung der verwundeten und erkrankten Soldaten und der Sanitätspersonen auch auf den Fall des Luftkrieges zu übertragen? Wie steht es mit der Beschießung unverteidigter Plätze? Auf der ersten Haager Konferenz war eine Bestimmung, welche das Werfen von Sprengstoffen aus Luftfahrzeugen verbot, von den meisten Staaten auf die Dauer von fünf Jahren angenommen worden. Inzwischen ist die fünfjährige Frist zu Ende gegangen, und erneuert ist die Bestimmung nicht, so daß dieser Satz heute fehlt. Wie wird es damit in Zukunft gehalten werden? Sodann das Verhältnis der kriegführenden zu den neutralen Staaten. Welches sind die Rechte und Pflichten der Neutralen im Luftkrieg? Muß sich ein neutraler Staat gefallen lassen, daß über dem Gebiete seines Staates ein Luftkrieg ausgefochten wird, bei dem die Trümmer der Fahrzeuge dem Unbeteiligten in unangenehmer Weise auf den Kopf fallen können? Wie steht es mit dem Durchsuchungsrecht, mit der Blockade?

Aber auch in Friedenszeit können daraus, daß der Staat Kriegsluftfahrzeuge hält, eigentümliche Tatsachen entstehen, die zu internationalen Rechtsfragen Veranlassung geben. Ein Kriegsluftschiff überfährt die Grenze des Nachbarlandes, es landet an — damit ergibt sich die Gefahr der Spionage, der aktiven: das Luftschiff übt Spionage, aber auch der mindestens ebenso naheliegenden passiven: es wird ausspioniert. Ich brauche nur auf den noch in frischer Erinnerung befindlichen Zwischenfall von Lunéville hinzuweisen, um deutlich zu machen, ein wie gefährlicher Zündstoff in diesen Fragen aufgehäuft ist, solange man über ihre Beantwortung noch nicht einig ist. Mit wahrer Freude dürfen wir es daher begrüßen, daß soeben, am 15. August 1913, ein Abkommen zwischen Deutschland und Frankreich in Kraft getreten ist, das in dieser Hinsicht die Gefahr eines Zwistes zwischen diesen beiden Staaten für die Zukunft hoffentlich beschwören wird: der erste Teil dieses Abkommens bezieht sich auf das Überfliegen der Grenze des Nachbarlandes durch Kriegsfahrzeuge und auf ihr Anlanden dort und regelt das Verhalten der Beteiligten dabei. Man wird nicht fehlgehen, wenn man in diesem Abkommen ein wichtiges Denkmal des Fortschritts sieht und daran die Hoffnung knüpft, daß zwischen anderen Staaten sehr bald ähnliche Abmachungen getroffen werden, damit das zarte und der Pflege bedürftige Reis des Friedens eine neue Stütze, eine neue Stärkung erhalte.

Überschaut man diesen ganzen Bereich des Rechts der Kriegsfahrzeuge, so sieht man leicht, wie sehr die Entscheidung der hierher gehörigen heiklen und verwickelten Fragen von der Politik beeinflußt sein muß: die Diplomaten werden hier sehr viel stärkere Arbeit haben als die Vertreter der juristischen Theorie. Jedenfalls sind die Erwägungen, die hier anzustellen sind, so besonders geartet, daß man recht tut, diesen Teil des Luftfahrtrechtes als selbständigen für sich abzutrennen.

Im weiteren sehe ich darum von den besonderen Verhältnissen der Kriegsfahrzeuge als solcher ab und wende mich der Luftfahrt im allgemeinen zu. In so unendlicher Fülle drängen sich hier die rechtlichen Fragen herzu, daß man kaum weiß wo anfangen,

wenn man sie aufführen will. Es erleichtert die
Übersicht, wenn man zunächst die tatsächlichen Vorkommnisse und Ereignisse, die zu rechtlichen Fragen
Anlaß geben können, in große Gruppen geordnet aufführt. Drei solche Gruppen sind zu nennen.
Zunächst ist das Luftfahren selbst und unmittelbar die Tatsache, die die wichtigsten Fragen auftreten
läßt. Ein Luftschiffer oder Flieger will mit seinem
Fahrzeug auffahren: darf er das überhaupt? darf
ein jeder diese gefährliche und doch auch andere
gefährdende Kunst ausüben? und darf jedes Fahrzeug auffahren? hat da nicht erst eine Prüfung zu
erfolgen? Und darf überall gefahren werden? darf
der Luftfahrer ohne weiteres über einen Garten, in
dem die Familie am schönen Sommertag soeben ihre
Nachmittagsruhe hält, hinwegfahren? oder wie hoch
muß er sich halten? darf er auch in der Nähe von
Festungen fahren? Und sachlich: in welcher Weise
muß gefahren werden? man denke nur an Begegnung
mit anderen Luftfahrzeugen, mit denen doch ein Zusammenstoß vermieden werden muß: wie steht es
mit der Straßenordnung in der Luft, mit dem Überfliegen und Vorbeifliegen, mit den Signallichtern?
Man sieht sofort: eine Fülle schwieriger Fragen.
Und nun muß das Luftfahrzeug doch auch anlanden:
darf es das überall tun? darf der Luftfahrer den
Widerstand, der sich ihm dabei etwa entgegenstellt,

brechen? immer, oder wenigstens im Falle der Not? und wie soll er sich bei der Landung verhalten? Weiter: wie steht es, wenn durch den Betrieb der Luftfahrt irgendein Schade verursacht wird? Die Gelegenheiten dazu sind ja leider außerordentlich häufig und unter sich sehr verschiedenartig. Beim Aufstieg stößt der Freiballon an das Dach eines Gebäudes und beschädigt es, Gegenstände fallen aus dem Fahrzeug, während es sich in der Luft befindet, ein Propellerflügel löst sich und fällt zur Erde, das Flugzeug stürzt herab, oder es fährt — der betrübende Fall, der sich kürzlich ereignet hat — beim Auffliegen in die zuschauende Menge hinein, oder zwei Fahrzeuge stoßen — auch das ist vorgekommen — in der Luft zusammen. Endlich beim Landen: wie mannigfaltig sind die Beschädigungen, die hier eintreten können, ja in gewissem Umfang eintreten müssen! In allen diesen Fällen können Sachen beschädigt oder Personen verletzt werden, und diese Personen können sein Mitfahrende, sei es Mannschaftspersonen, sei es Fahrgäste, oder Personen auf der Erde, Hilfspersonen oder beliebige Dritte. Soll in solchen Fällen auf Schadensersatz gehaftet werden? wer soll haften? der Eigentümer des Fahrzeuges, der Unternehmer, der Fahrer? und sollen diese Personen immer haften oder nur im Fall des Verschuldens, insbesondere also, wenn fahrlässig gehandelt worden ist? und welches ist der Kreis von Personen, für deren Tun die an sich verantwortliche Person aufkommen muß? sind es nur seine Hilfspersonen oder auch die Gäste des Fahrzeuges? Bunt genug sind die Fragen, die hier auftreten.

Eine zweite Gruppe von Tatsachen, die zu Rechtsfragen Anlaß gibt, wird durch die Ereignisse gebildet, die sich auf dem Luftfahrzeug abspielen: das Fahrzeug bildet den eigentümlichen Schauplatz einer Tätigkeit oder eines sonstigen Vorkommnisses. Ein paar Beispiele werden zeigen, was ich meine. Eine österreichische Dame ist in einem französischen Luftschiffe über deutschem Gebiet gewesen und hat dort in der Angst ihres Herzens ihr Testament gemacht. Es wird streitig, ob das Testament formgerecht errichtet ist. Jedes Testament ist formgültig, wenn es in der Form errichtet ist, die an dem Ort seiner Errichtung vorgeschrieben ist. Da fragt es sich denn, ob österreichisches, französisches oder deutsches Recht angewendet werden muß. Darauf läßt sich nicht ohne weiteres antworten. Und dazu: der Ort der Errichtung des Testaments muß bei dem eigenhändigen Testament des deutschen wie des französischen Rechts angegeben werden — welchen Ort soll die Dame angegeben? Eine ähnliche Frage entsteht, wenn auf dem Luftschiff ein Vertrag abgeschlossen wird: nach welchem Rechte richtet sich dieser Vertrag? Ferner: es ist Ihnen allen bekannt, daß das Strafrecht der verschiedenen Völker nicht miteinander übereinstimmt; in dem einen Land kann verboten sein, was in einem anderen Lande erlaubt ist. Nun wird gegen den Souverän eines Landes von einem Ausländer in einem Luftschiff eine Beleidigung ausgestoßen, während es über dem Gebiete des Landes, dem der Souverän angehört, schwebt: ist der Beleidiger strafbar oder nicht? Es wird darauf ankommen, festzustellen: ist diese Beleidigung im Inland oder im Ausland begangen? das heißt: sollen wir den Schauplatz der strafbaren Handlung als Inland oder als Ausland ansehen? Derartige Fragen können sich in großer Menge wiederholen, ihre Entscheidung ist, wie man sofort sieht, nicht zweifellos. Der Fall, daß ein Kind in einem Luftschiff geboren wird, ist zwar öfter behandelt, wird aber wohl nicht allzu häufig sein! Aber auch er könnte zu eigentümlichen rechtlichen Fragen Anlaß geben. Denn es ist bekannt, daß eine große Zahl von Staaten die Staatsangehörigkeit jedem verleiht, der auf dem Gebiet dieses Staates geboren ist. Beispielsweise: in Portugal wird jemand Staatsbürger, wenn er auf dem Gebiet des portugiesischen Staates geboren wird, mag sich die Mutter auch nur vorübergehend dort aufhalten. Nun wird ein Knabe in einem Luftschiff geboren, das sich über portugiesischem Grund und Boden befindet, und zwar in einem spanischen Luftschiff, oder in einem portugiesischen, das über spanischem Boden fährt, dann wird sofort die Frage aufkommen, ob das Kind ein Portugiese ist oder nicht. Die Entscheidung ist ja von größter Bedeutung — ich erinnere nur an die Militärdienstpflicht.

Bei einer dritten Gruppe von Ereignissen handelt es sich zwar nicht um Vorkommnisse bei dem Luftfahren selbst, auch nicht um solche, für die das Luftschiff den Schauplatz abgibt, aber sie stehen doch in ursächlicher Verbindung mit dem Betriebe der Luftfahrt oder in Zweckbeziehung zu ihm: jemand kauft ein Luftfahrzeug, er nimmt für den Betrieb der Luftfahrt ein Darlehn auf, er schließt Verträge mit der Mannschaft, läßt Passagiere zu, übernimmt die Beförderung von irgendwelchen Gütern, schließt Versicherungen ab usw. — unendlich sind die Rechtsfragen und Streitigkeiten, die sich hieran anknüpfen können. Oder endlich ein Freiballon geht nieder und es eilen nun Leute zur Hilfe, um ihn zu bergen, wie steht es mit dem Bergelohn? oder ein niedergegangener verlassener Ballon oder ein verlorener Teil eines Fahrzeuges oder in der Not herausgeworfene Instrumente werden gefunden: welche Rechte und Pflichten hat der Finder? Alle diese zahllosen Fragen stellen an den Juristen die Forderung: entscheide uns!

Es scheint mir vorteilhaft, wenn ich den Versuch mache, die aufgeführten Fälle und Fragen nach rechtlichen Gesichtspunkten zu ordnen. Zu Beginn meiner Ausführungen sagte ich: alles Recht ist Lösung von Interessenkonflikten. Auch die mitgeteilten Fälle sind lauter Fälle von Interessenkonflikten, die es zu schlichten gilt, immer steht der Luftfahrer (oder auch der Luftfahrtunternehmer oder der Fahrzeugeigentümer, die ich der Kürze halber nicht weiter besonders erwähne) mit seinen Interessen auf der einen Seite, ihm gegenüber stehen andere einzelne oder der Staat selbst. Einzelne stehen ihm gegenüber. Da ist einmal der Grundeigentümer: es versteht sich von selbst, daß der Luftfahrer möglichst frei und ungehemmt abfahren, fliegen und anlanden möchte, während der Grundeigentümer die Freiheit seines Eigentums, seine Ruhe und Bequemlichkeit gewahrt wissen will. Sodann in allen Fällen der Schadenszufügung, der Geschädigte: der Interessengegensatz ist hier natürlich der, daß der Geschädigte seinen Schaden ersetzt haben, der Luftfahrer hingegen möglichst haftfrei bleiben will. Gerade mit diesen beiden Interessenkonflikten wird sich unser Kongreß ja diesmal beschäftigen. Aber auch sonst kann der Luftfahrer in zahllose Interessengegensätze zu einzelnen anderen Personen treten, insbesondere ist das bei allen jenen Verträgen der Fall, die ich vorhin nannte, denn bei solchen Verträgen verfolgt notwendig jede der beiden Vertragsparteien ihr eigenes Interesse. Wir nennen den Teil des Rechts, der die Schlichtung der widerstreitenden Interessen einzelner Personen zum Inhalt hat, bekanntlich das Privatrecht oder bürgerliche Recht, und so erhalten wir denn als erstes großes Gebiet des Luftfahrtrechts das privatrechtliche Luftfahrtrecht.

Andere der mitgeteilten Fälle und Fragen zeigen uns, daß gegenüber dem einzelnen Luftfahrer, der am liebsten völlig ungehindert überall fahren und fliegen möchte, auch staatliche Interessen Schutz verlangen und zu einer Einschränkung seiner Bewegungsfreiheit drängen; entweder unmittelbar staatliche Interessen: so muß sich der Staat gegen etwaige Spionage schützen, die von Luftfahrzeugen aus, auch wenn sie keine Kriegsfahrzeuge sind, geübt werden könnte, so muß er an den Zollgrenzen auch Luftfahrzeugen gegenüber seine finanziellen Interessen geltend machen (Luftzollrecht); oder Interessen der Allgemeinheit, man pflegt zu sagen des »Publikums«, die ja der Staat wahrzunehmen hat: so hat er für die öffentliche Gesundheitspflege zu sorgen — wie soll es z. B. mit Luftfahrzeugen gehalten werden, wenn die Grenze etwa wegen Pestgefahr gesperrt ist, wie läßt sich also der Seuchenschutz gegen Luftfahrzeuge durchführen? so hat der

Staat ferner für Ordnung und Sicherheit des Verkehrs zu sorgen: darauf beziehen sich z. B. die vorhin aufgeworfenen Fragen, ob für die Berechtigung, ein Luftfahrzeug zu führen, eine besondere Prüfung des Fahrers oder des Fahrzeugs zu erfordern ist, ob besondere behördliche Ausweise, Führerzeugnisse und dergleichen mitzuführen sind, und unzähliges andere, was in den Bereich der staatlichen Verwaltung, insbesondere der Polizei gehört. Diesen ganzen ungeheuer mannigfaltigen Bereich rechtlicher Regelungen nennen wir im Gegensatz gegen das Privatrecht bekanntlich öffentliches Recht.

Und ist das Luftfahrzeug ein ausländisches oder der Fahrer ein Ausländer, so können in den angegebenen Fällen auch leicht völkerrechtliche Fragen auftreten: das Interesse des ausländischen Staats, der für seine Luftfahrer oder Luftfahrzeuge ungehemmte Bewegung anstrebt, kommt in Widerstreit mit Interessen des inländischen Staats, und dieser Widerstreit verlangt seine rechtliche Schlichtung. Neben das private Luftfahrtrecht und das öffentliche Luftfahrtrecht eines einzelnen Staats tritt also — auch ganz abgesehen von dem Recht der Kriegsfahrzeuge — noch das Völkerluftfahrtrecht. Völkerrecht als das Recht, das die Interessenkonflikte zwischen zwei Staaten zu schlichten hat, öffentliches Recht, als das Recht, das die Interessenkonflikte zwischen den einzelnen und dem Staate, und Privatrecht als das Recht, das die Interessenkonflikte zwischen mehreren einzelnen zu schlichten hat, — das sind ja die drei großen Teile, aus denen alles Recht besteht.

Sucht man nun für alle diese Fälle und Fragen die rechtliche Antwort, so zeigt sich sofort, daß bei ihnen allen ohne Ausnahme zunächst eine und dieselbe Vorfrage rein rechtlicher Natur auftritt, eine Frage also, vor deren Entscheidung an die Entscheidung der Einzelfragen überhaupt nicht herangetreten werden kann. Wir suchen eine rechtliche Regelung, alles Recht geht aber letztlich in der einen oder anderen Weise vom Staat aus. Nun gibt es eine Mehrzahl von Staaten und damit auch von Rechtsordnungen, also muß man zuerst fragen: welches ist der Staat, dem im gegebenen Fall über Luftfahrzeuge und Luftfahrt die staatliche Herrschaft zukommt, der über sie staatlich zu befehlen hat? Diese Frage ist letzten Endes völkerrechtlich, wie überhaupt alles Recht schließlich völkerrechtlich verankert sein muß. Wohl mag der einzelne Staat selbständig Herrschaft für sich ausüben und Befehle geben, deren Verwirklichung er erzwingt, soweit er es tatsächlich kann: wenn die anderen Staaten diese seine Herrschaftsausübung nicht als berechtigt anerkennen, so fehlt es, wenn wir das Ganze der rechtlichen Welt ins Auge fassen, noch an der rechtlichen Ordnung, die wir anstreben, statt der Ordnung haben wir lediglich einen Gewaltzustand. Die Ordnung, die von dem einzelnen Staat ausgeht, ist befriedigend nur, wenn sie auf Grund einer Ordnung zwischen den Staaten selbst erfolgt. Die Frage, ob und wieweit der einzelne Staat über Luftfahrzeug und Luftfahrt die staatliche Herrschaft hat, oder anders ausgedrückt, welchem der mehreren Staaten gegebenenfalls die staatliche Herrschaft zukommt, hat einen dreifachen Sinn. Erstlich: in welchen Grenzen darf der einzelne Staat, völkerrechtlich betrachtet, unmittelbar Zwangsmaßregeln vornehmen, beispielsweise ein Luftschiff festhalten und durchsuchen, oder einen Flieger hindern, daß er über ein bestimmtes Gebiet fliege? Und da doch alle staatlichen Maßnahmen schließlich Ausübungen staatlichen Rechts sein, also auf Grund von Rechtsregeln erfolgen müssen, nimmt die Frage sofort den zweiten Sinn an: in welchem Maße ist der Staat völkerrechtlich berechtigt, die Gesetze zu geben, die sich auf die Luftfahrt, auf Luftfahrzeuge und Luftfahrer beziehen? Und — das ist der dritte Sinn der Frage —: wenn sich ein einzelner Fall bereits ereignet hat und vom Richter entschieden werden soll, welche Gesetze, ich meine die Gesetze welches der verschiedenen Staaten müssen bei der Entscheidung dieses Falles angewendet werden? Ich lege besonderes Gewicht darauf zu sagen, daß diese dritte Frage im Grunde genommen dieselbe ist, wie die vorige: das ist die neue Erkenntnis, die die sogenannte völkerrechtliche Theorie des internationalen Privatrechts gebracht hat, eine Theorie, die zwar noch um ihre Durchsetzung ringt, aber doch für jeden, der nicht bereits durch andere Theorien voreingenommen oder verbildet ist, unmittelbare Überzeugungskraft, ja Selbstverständlichkeit besitzt. Die Frage: »Welcher Staat hat — völkerrechtlich betrachtet — die Macht, Gesetze über ein bestimmtes tatsächliches Verhältnis zu geben?« ist identisch mit der Frage: »Welches Staates Gesetz müssen wir auf dieses tatsächliche Verhältnis anwenden?«

Dies also ist die Vorfrage, deren Entscheidung die Grundlage alles folgenden bildet: man muß zunächst ermitteln: welches ist der Staat, der in diesem dreifachen Sinn staatlich herrscht? Nun haben — ich bitte um Verzeihung, wenn ich Bekanntes wiederhole, aber für die Vollständigkeit ist es unentbehrlich — die Staaten die Herrschaft über die Welt, soweit sie beherrschbar ist, unter sich geteilt, und zwar nach zwei verschiedenen Gesichtspunkten: nach den Menschen und nach dem Raum. Leider sagt man gewöhnlich statt »Raum« »Gebiet«; es würde manches Mißverständnis vermieden werden, wenn man sich immer gegenwärtig hielte, daß man unter »Gebiet« eben nur den Raum verstehen soll. Die Herrschaft über die Menschen, über die Personen ist zwischen den Staaten im wesentlichen klar aufgeteilt: jedem Staat gehören bestimmte Personen an, gleichgültig, ob sie sich im Inland oder Ausland befinden, man spricht hier von der Personalhoheit des Staates; die einen sind ihrer Staatsangehörigkeit nach Franzosen, die anderen Deutsche, Italiener, Dänen, Norweger usw. Auch der Raum der Erde ist, allerdings mit Ausnahme des offenen Meeres, unter die Herrschaft der einzelnen Staaten verteilt: diese Herrschaft ist die Gebietshoheit des Staates. Das sind die beiden Wesensteile jedes Staates: eine Personalhoheit — die Herrschaft über bestimmte Menschen — und eine Gebietshoheit — die Herrschaft über einen bestimmten Raum. Der Begriff der Gebietshoheit hat noch eine Erweiterung wichtigster Art in Hinsicht auf die Seeschiffahrt erhalten. Es hat sich nämlich völkerrechtlich die Anschauung ausgebildet, die wir nicht hoch genug schätzen können, daß Kriegsschiffe überall und andere Schiffe wenigstens, solange sie sich auf offener See befinden, als schwimmende Teile ihres Heimatlandes anzusehen sind; wer sich also auf einem solchen schwimmenden Teil Deutschlands befindet, gilt als in Deutschland selbst befindlich, und was dort geschieht, gilt als in Deutschland selbst geschehend.

Demnach tritt an den Juristen die Frage heran:

wie steht es mit der Verteilung der staatlichen Herrschaft, soweit sie den Luftraum und die Menschen in diesem betrifft? Die Personalhoheit, die Herrschaft über die Menschen, wird dadurch, daß diese sich in einem Luftfahrzeug aufhalten, natürlich nicht geändert; nur die Gebietshoheit kann hier ein Problem bilden. Das Problem ist dieses: welcher Staat hat über den Luftraum und darum auch über das Luftfahrzeug, das im Luftraum sich befindet, die staatliche Herrschaft in jenem von mir gekennzeichneten dreifachen Sinn? Das ist von allen Problemen des Luftfahrtrechtes das weitaus wichtigste, es ist das grundlegende Problem. Ist der Luftraum frei wie das offene Meer, oder steht er ebenfalls unter der Gebietshoheit eines bestimmten Staats — dann natürlich des Staats, über dessen Land- und Wassergebiet er sich befindet? Sind auch die Luftschiffe während der Fahrt gerade wie die Seeschiffe auf freiem Meer als schwimmende Teile ihres Heimatlandes anzusehen? Soll man also auch dem Luftschiff auf solche Weise eine Nationalität zugestehen? Soll nicht sogar dieser Gedanke der Nationalität der Luftschiffe noch weiter ausgedehnt werden als bei Seeschiffen, und zwar in dem Sinne, daß ein Luftschiff, sobald es in der Luft ist, ohne Rücksicht darauf, welchem Staat das unterliegende Land gehört, immer als ein fliegender Teil seines Heimatlandes gelten soll?

Ich will, wie gesagt, nur die Fragen kennzeichnen, nicht die Antworten geben. Aber nehmen wir einmal an, daß die Antwort auf diese Grundfragen gefunden ist, nehmen wir an, daß die Staaten darüber einig sind, welche Herrschaft jedem einzelnen Staat über den Luftraum zukommt, nehmen wir an, daß auch feststeht, wie weit die Luftfahrzeuge eine bestimmte Nationalität haben, lauter Fragen, die völkerrechtlicher Natur sind, weil es sich ja bei ihnen um die Herrschaftsabgrenzung der einzelnen Staaten im Verhältnis zueinander handelt, dann und erst dann ist die Möglichkeit gegeben, die vielen Einzelfragen, die früher aufgeworfen wurden, zu beantworten, ja, bei einer ganzen Reihe von ihnen ist die Antwort dann schon ohne weiteres gegeben. Damit wissen wir von selbst, ob das Recht dieses oder jenes Staats bei der Entscheidung des einzelnen Falles angewendet werden soll. Die Dame, die das Testament gemacht hat, braucht über seine Gültigkeit nicht lange im Unklaren zu bleiben, wenn sie nur, was sich immer empfiehlt, einen Juristen um Rat fragt: sie wird bald erfahren, ob die von ihr beobachtete Form genügt oder nicht. Denn weiß man, welcher Staat im Augenblick der Testamentserrichtung die Gebietshoheit über das Luftschiff hatte, so kennt man auch das Recht, nach dem das Testament gemacht werden mußte. Und in dem Falle der Beleidigung wird sich nach dem Recht des Staates, der das Luftschiff im Augenblick der Beleidigung beherrschte, von selbst ergeben, ob eine strafrechtlich verfolgbare Tat vorliegt oder nicht. Und so in allen diesen Fragen. Das ist das Wichtigste: man sieht, daß die einzelnen Entscheidungen überall von einer einheitlichen theoretischen Grundauffassung abhängen. Damit wissen wir ferner, ob der einzelne Staat berechtigt ist, gegen ein ausländisches Luftfahrzeug oder einen ausländischen Luftfahrer unmittelbare Zwangsmaßregeln anzuwenden: soweit ihm die Gebietshoheit über den Luftraum, in dem sich das Luftschiff befindet, oder über das Luftschiff selbst zusteht, kann er alle die Rechte ausüben, die ihm überhaupt kraft der Gebietshoheit auch auf dem Lande zustehen. Und endlich: wir wissen jetzt, in welchem Maße der Staat das Recht hat, künftig Gesetze über die Luftfahrt zu erlassen.

Im weiteren handelt es sich also überall nur noch um die Frage nach dem Inhalt der einzelnen hiernach bestimmten Rechtsordnungen. Aber diese Frage hat einen doppelten Sinn, oder anders ausgedrückt: es gibt zwei mögliche Standpunkte für die Beantwortung aller der aufgeworfenen einzelnen Fragen. Der eine Standpunkt ist der, den der Anwalt und Richter einnehmen muß, wenn heute ein luftfahrtrechtlicher Fall vor ihn gebracht wird: er muß diesen Fall nach dem geltenden Recht entscheiden. Das ist schon so und so oft geschehen: es sind bereits mehrfach Rechtssprüche luftfahrtrechtlichen Inhalts erfolgt. Die Justiz darf ja nicht verweigert werden. Und selbstverständlich hat die Rechtswissenschaft hier wie überall die Aufgabe, diesen Entscheidungen vorzuarbeiten. Der Nichtjurist wird sich leicht verwundern und entgegenfragen: aber wie kann man denn entscheiden? es gibt ja doch noch keine Gesetze über die Luftfahrt! Indes dieser Einwand würde auf einer falschen Vorstellung von dem beruhen, was das Recht ist. Im wesentlichen besteht doch das Recht nicht aus Einzelsatzungen für die einzelnen Fälle, es ist nicht eine Sammlung von einzelnen Entscheidungen, sondern ein System zusammenhängender allgemeiner Grundsätze, die so allgemein sind, daß sie jeden einzelnen Fall, auch wenn es sich um ganz neue Verhältnisse handelt, mitumfassen und ihn daher zu entscheiden erlauben. Solange eine Regelung für diesen Sonderfall nicht gegeben ist, bleibt es dann bei der Anwendung der allgemeinen Grundsätze. Ich will als Beispiel die Frage des Schadensersatzes nehmen: das Luftschiff hat einen Schaden angerichtet, es handelt sich um die Haftung. Da wir noch kein besonderes Gesetz für den Fall der Luftfahrt haben, müssen wir die allgemeinen Grundsätze anwenden, die darüber gelten, inwieweit jemand, der einem anderen einen Schaden zugefügt hat, diesen ersetzen muß; bekanntlich findet eine solche Haftung grundsatzmäßig nur im Falle des Verschuldens statt, ohne ein solches haftet also der Luftfahrer nach geltendem Recht nicht. Fehlt es eben an der Anordnung einer Rechtsfolge für den gegebenen Fall, so tritt die Rechtsfolge auch nicht ein. Und ebenso: fehlt es an öffentlichrechtlichen, insbesondere polizeirechtlichen Verboten, die den Luftfahrer einschränken, so ist er unbeschränkt und kann fahren, wie er will.

Aber damit zeigt sich zugleich der zweite Standpunkt, den der Jurist allen diesen Fällen und Fragen gegenüber einnehmen kann. Es ist der kritische Standpunkt. Die Kritik kann ergeben, daß die Entscheidungen, zu denen man unter Anwendung der allgemeinen Grundsätze des geltenden Rechts kommen müßte, dem praktischen Bedürfnisse nicht genügen, daß für diese besonderen Verhältnisse auch eine besondere Bestimmung erwünscht wäre, daß das geltende Recht also in diesem Sinne Lücken hat. Damit ist nun freilich noch nicht gesagt, daß nicht die Rechtsprechung doch zu befriedigenden Ergebnissen gelangen könnte. Denn wir Juristen haben ja ein eigentümliches Mittel, das uns ermöglicht, das vorhandene Recht auch ohne gesetzgeberische Änderung im Wege der Rechtsprechung fortzubilden, das ist die Analogie, ein Mittel, ausgezeichnet in der Hand eines guten Juristen und sehr gefährlich in der Hand eines nicht guten — solche sollen ja, wie man sagt, ebenfalls vorkommen. Ich bitte, durch ein Beispiel klarmachen zu dürfen, was unter Analogie zu verstehen ist. Wir haben in Deutschland und anderen Ländern den Rechtssatz, daß, wenn jemand als Gast in einem Gasthof zur Beherbergung aufgenommen ist und ihm dort Sachen abhanden kommen, etwa durch Diebstahl, der Gastwirt, auch wenn er ohne jede Schuld an dem Ereignis ist und alles getan hat, was von ihm verlangt werden konnte, um derartige Fälle zu verhindern, doch den Schaden ersetzen muß; diese Bestimmung stammt aus dem römischen Recht. Nun ist einmal in einem Schlafwagen der internationalen Schlafwagengesellschaft einem Fahrgast etwas gestohlen worden. Da ist denn die Frage aufgekommen: soll man nicht den Schlafwagen, obwohl er kein Gasthof im Sinne des Gesetzes ist — denn als das Gesetz entstand, gab es noch keine Eisenbahnen —, als rollenden Gasthof betrachten, d. h. den Gasthöfen rechtlich gleichbehandeln? Wenn man das tut, so zieht man eine Analogie von den Gasthöfen zu den Schlafwagen. Der Kassationshof in Paris hat ein bejahendes Urteil gefällt, in Deutschland sind die Meinungen hierüber noch geteilt. Die gleiche Frage kann nun auch für das Luftschiff entstehen: es ist jemand mit einem Luftschiff als Fahrgast abends aufgestiegen, bei der Rückkunft morgens wird entdeckt, daß ihm auf der Fahrt etwas gestohlen ist: muß nun der Unternehmer der Fahrt haften oder nicht? Soll auch hier nach Analogie der Sätze, die über die Haftpflicht des Gasthofbesitzers gelten, entschieden werden? Die Analogie erlaubt, wie man sieht, einem kühnen Richter, bei neuen Verhältnissen auch ohne gesetzgeberische Änderung Entscheidungen zu treffen, mit denen er vom vorhandenen Recht abgeht.

Aber dieses Mittel hat einen großen Nachteil: die Analogie bei Rechtssätzen ist niemals etwas, was logisch als richtig oder unrichtig beweisbar wäre; ob man die Analogie im einzelnen Fall zuläßt oder nicht, das beruht letztlich allein auf Erwägungen, wie sie sonst der Gesetzgeber anstellt, also auf Werturteilen, die bei dem einen so, bei dem anderen anders lauten können. Und darum ist man nie im voraus sicher, ob der Analogieschluß, den man selbst für richtig hält, auch vom Richter gebilligt werden würde. Es fehlt also die in rechtlichen Dingen so sehr wertvolle Sicherheit. Gerade für die Fälle der Luftfahrt bieten sich verführerische Analogien dar, einmal die Analogie zu den Seeschiffen, andererseits die zu den Eisenbahnen oder den Kraftfahrzeugen, aber das besondere Recht der Seeschiffe, der Eisenbahnen und der Kraftfahrzeuge ist unter sich wieder sehr verschieden, und so ist zu fürchten, daß, wenn überhaupt ein Analogieschluß gemacht wird, doch der eine Richter diesen, der andere einen anderen macht. Also zusammenfassend: es kann sich zeigen, daß das vorhandene Recht eine den praktischen Bedürfnissen gerecht werdende Entscheidung überhaupt nicht oder doch nicht mit genügender Sicherheit erlaubt. Dann muß neues Recht geschaffen werden. Und damit haben wir den zweiten Standpunkt zu allen diesen Fragen gewonnen, den Standpunkt de lege ferenda: in welcher Weise ist das künftige Recht auszugestalten? Die Arbeit des Gesetzgebers ist es, um die es sich hier handelt. Und auch hier hat die Wissenschaft vorzuarbeiten. Lange ist in Deutschland die Beschäftigung der theoretischen Juristen in der Hauptsache nur Beschäftigung mit dem geltenden Recht gewesen, die meisten wenigstens haben sich, lediglich dem gegebenen Recht dienend, der Gesetzgebungsarbeit ferngehalten und sie den Staatsmännern und Beamten überlassen. Glücklicherweise dringt heute die Auffassung mehr und mehr durch, daß die Rechtswissenschaft — verzeihen Sie das Bild — nicht nur eine Kammerjungfer ist, die der Herrin das fertige Kleid anziehen soll, sondern daß sie auch dazu da ist, das Kleid erst zu entwerfen und zurechtzuschneiden: sie soll auch bei Schaffung der Gesetze tätig sein. Beide Aufgaben stehen mindestens gleichwertig nebeneinander, in gewissem Sinne kann die eine ohne Heranziehung der anderen gar nicht vollständig bewältigt werden. Unser Kongreß beschäftigt sich mit den Fragen des Luftfahrtrechts gerade von diesem zweiten, dem gesetzgeberischen Standpunkt aus: wie soll das Luftfahrtrecht künftig gestaltet werden?

Die Frage, ob wir neue Rechtssätze brauchen, ist nun freilich noch nicht damit erledigt, daß wir sagen: die Luftfahrt ist etwas tatsächlich Neues, was in den bisherigen Rechtssätzen nicht berücksichtigt worden ist. Es wäre fürchterlich, wenn für alles, was neu in die Wirklichkeit tritt, auch neue Rechtssätze geschaffen werden müßten — dann würde das ganze Recht schließlich aus lauter einzelnen Sondersätzen bestehen, und lückenhaft würde es auch dann immer bleiben! Nein, die Rechtsordnung besteht in der Hauptsache und soll bestehen aus allgemeinen, das einzelne gleichmäßig umfassenden Sätzen. Schaffung neuer Rechtsnormen für besondere neue tatsächliche Verhältnisse ist nur da berechtigt, wo die neuen Verhältnisse ihrer besonderen Natur halber etwas von den allgemeinen Grundsätzen Abweichendes verlangen. Aber es liegt ja auf der Hand, daß das meist nicht der Fall ist. Wenn ein Luftschiffer ein Darlehen für den Betrieb der Luftfahrt aufnimmt, so brauchen darüber natürlich keine anderen Grundsätze zu gelten, als wenn das ein gewöhnlicher Sterblicher zu anderen

Zwecken tut. Und wenn einer ein Luftfahrzeug kauft, oder wenn ein Luftschiffer Mannschaften anheuert — macht hier etwa der Umstand, daß es sich gerade um ein Luftfahrzeug und um Luftfahrt handelt, besondere Sätze notwendig? Doch sicherlich nicht, wir können es durchaus bei den allgemeinen Sätzen über Käufe und Dienstverträge lassen. Ja, man wird sogar sagen dürfen: im Zweifel und solange, wie irgend möglich, muß bei den allgemeinen Grundsätzen geblieben werden. Nur mit Besorgnis kann man die wachsende Neigung unserer Zeit ansehen, nicht bloß Sondergerichte, sondern auch Sonderrechte auf allerlei Gebieten zu schaffen. Ich glaube, daß wir weiterblickend beizeiten Dämpfer aufsetzen sollten, wir stehen sonst in Gefahr, die Einheit wie des Gerichts so auch des Rechts allzusehr zu schwächen. Man darf doch nie vergessen — vielleicht ist man sich dessen gerade neuerdings nicht überall genügend bewußt —, daß eine Rechtsordnung nur dann gerecht ist, wenn sie nicht ein zusammengewürfelter Haufe einzelner Sätze ist, sondern wenn diese Sätze in innerem Zusammenhang und Einklang stehen. Bei aller Sondergesetzgebung ist aber immer die Gefahr da, daß nur für die eine Tatsachengruppe als Recht gesetzt wird, was für eine andere ebensogut Recht sein könnte. Leitsatz muß also sein: erst wenn der Fall des Bedürfnisses für die neue besondere Tatsache wirklich zwingend nachgewiesen ist, darf man zur Bildung neuen Rechts, zur Gesetzgebung schreiten. Mustern wir von diesem Standpunkt aus die einzelnen Teile des Luftfahrtrechts durch, so finden wir bei dem völkerrechtlichen Teil noch außerordentlich viel Unsicherheit. Über den Grundsatz, daß jeder Staat Gebietshoheit auch in dem gesamten Luftraum hat, der über seinem Gebiet auf der Erde liegt, scheint man jetzt allerdings einig zu sein, so sehr theoretisch früher das Gegenteil verteidigt worden ist. Aber wie die Nationalität der Luftfahrzeuge zu bestimmen ist, und welche Wirkung sie besitzt, ferner welches Maß von Verkehrsfreiheit die einzelnen Staaten für ihre Luftfahrzeuge anderen Staaten gegenüber in Anspruch nehmen können, das ist äußerst zweifelhaft. Für den Grenzverkehr zwischen Deutschland und Frankreich hat das schon früher erwähnte neue Abkommen vom 26. Juli 1913 in seinem zweiten Teile auch hinsichtlich der privaten Luftfahrzeuge genauere, sehr interessante Bestimmungen getroffen, die, wie wir hoffen dürfen, vorbildlich für andere Staaten wirken werden.

Im Gebiet des öffentlichen Luftfahrtrechts harren der Gesetzgebung in den einzelnen Staaten außerordentlich viele neue Aufgaben, insbesondere im Bereich des Polizeirechts. Es handelt sich dabei gerade um Anordnungen, die nicht sowohl eine Anwendung juristischer Prinzipien, als vielmehr rein positive Zweckmäßigkeitsmaßregeln mehr äußerlicher Natur sind. Man denke insbesondere an die verkehrspolizeilichen Vorschriften. Bisher hat die Gesetzgebung — das müssen wir anerkennen — am meisten bereits in Frankreich vorgearbeitet: gerade wie auf dem technischen, so sind auch auf diesem rechtlichen Gebiet unsere französischen Nachbarn mit großem Erfolg tätig gewesen. Für Deutschland ist ein neues Luftgesetz im Werden — sein Inhalt ist noch nicht bekannt. Endlich im Privatrecht. Das Privatrecht an sich ist von allen Rechtsteilen am meisten ausgearbeitet, am folgerichtigsten durchgebildet, am stärksten auf allgemeine Grundsätze zurückgeführt. Darum kommt der Fall, daß eine rechtliche Frage der Luftfahrt nach dem schon vorhandenen Recht überhaupt nicht entscheidbar wäre, gar nicht vor. Es kann sich hier also nur darum handeln, ob es notwendig ist, gerade für die Luftfahrt Ausnahmesätze zu schaffen. Wegen der sehr zahlreichen sich kreuzenden Interessen ist diese Frage ganz besonders zweifelhaft und verwickelt. Zudem: Verwaltungsvorschriften können ohne großen Schaden auch bald wieder zurückgenommen oder geändert werden, wenn sie sich als unzweckmäßig herausstellen; privatrechtliche Vorschriften aber sind immer auf Dauer berechnet, man muß hier also ganz besonders vorsichtig vorgehen.

Es sei erlaubt, in diesem Zusammenhang noch ein Wort über die Gesetzgebungsarbeit im allgemeinen hinzuzufügen. Gewiß gehört sie zu den schwierigsten menschlichen Tätigkeiten und zugleich zu den folgereichsten. Wer einen Gesetzesvorschlag macht, muß sich seiner großen Verantwortlichkeit immer bewußt bleiben. Der Nichtjurist unterschätzt, wie ich glaube, häufig oder gar meist den Einfluß der Gesetzgebung auf die tatsächliche Entwicklung. Man darf sagen, daß ein schlechtes Gesetz einem Staate geradezu ungezählte Millionen kosten kann. Und umgekehrt: ein guter Rechtssatz kann das wirtschaftliche Leben in einem so ungeheuren Maße fördern, daß sich vielleicht eine ungeahnte Entwicklung anschließt.

Alles Recht ist, wie ich anfänglich sagte, Schlichtung von Interessenkonflikten. Aber um eine gerechte und zweckmäßige Schlichtung zu finden, genügt es nicht, wenn man nur die beiden widerstreitenden Interessen allein und für sich ins Auge faßt und sie gegeneinander abwägt. Insbesondere handelt es sich bei den Rechtssätzen über Luftfahrt nicht nur darum, daß die Interessen des Luftschiffers abgewogen werden gegenüber denjenigen des Grundeigentümers oder sonstiger einzelner oder auch gegenüber denen des Staats, sondern zugleich um die Rückwirkung, die die zu gebenden Rechtssätze auf die gesamte Entwicklung der Luftfahrt haben würden. Auf der einen Seite ist die Gefahr, daß man aus Vorsicht allzuviel gegen den Luftschiffer regelt. Schon die Drähte der Hochspannungsleitungen sind für den Luftfahrer äußerst gefährlich — noch viel gefährlicher ist es für ihn, wenn überall die Drähte von Paragraphen herunterhängen, in die er bei jeder Bewegung fürchten muß hineinzugeraten. Wenn die Haftungen für etwaigen Schaden, die wir ihm aufpacken, ein allzu schweres Gewicht haben, so hindern wir ihn zu fliegen. Wenn polizeirechtliche Vorschriften den Verkehr allzusehr erschweren, wenn allzusehr — das »allzusehr« ist hier überall das Wort, auf das es ankommt, alles ist hier Maßfrage — die Interessen des Grundeigentümers gegenüber dem Luftfahrer gewahrt werden, dann nehmen wir diesem den nötigen freien Bewegungsraum: wir hemmen die Luftfahrt und gefährden dadurch ihre weitere tatsächliche Ausbildung, und das kann aus vielen naheliegenden Gründen ein großes nationales Unglück für uns sein. Andererseits, wenn wir schrankenlos die Interessen des Luftschiffers bevorzugen, so kann das ebenfalls Unheil bringen. Die allgemeine Sicherheit des Verkehrs würde leiden; dem unglücklichen Grundeigentümer, dem es heute schon, namentlich in den Städten, schlecht genug geht, würde die Freude, ein Eigentum zu haben, ganz verleidet werden; alle die, welche durch die Luftfahrer geschädigt würden, ohne nunmehr Ersatz erlangen zu können, würden ein Wehegeschrei erheben. Leicht könnte es sich so fügen, daß die öffentliche Gunst sich von den Luftfahrzeugen gerade wie von den Kraftfahrzeugen abwendete, und das würde wieder eine Gefahr für die Weiterentwicklung des Flugwesens bedeuten. Also mit großer Weisheit, mit großer Mäßigung und mit einem sehr weiten Ausblick auf etwaige Folgen müssen gerade die Gesetzgebungsarbeiten, mit denen auch unser Kongreß sich beschäftigen soll, behandelt werden.

Ich habe nur noch einen Punkt zu erörtern — schon in einer der Begrüßungsansprachen wurde er berührt —: warum ist unser Kongreß ein internationaler? Wir wollen Vorschläge für das neue künftige Luftfahrtrecht machen: da unsere Verhandlungen international sind, müssen auch unsere Vorschläge international sein — warum sollen sie das sein? Es ist wohl nicht jedem ohne weiteres deutlich, daß diese Internationalität zweierlei ganz verschiedene Bedeutung hat. Soweit es sich um diejenigen Rechtssätze handelt, die den Herrschaftskreis der Staaten untereinander und ihre Rechte und Pflichten in bezug auf den Luftverkehr abgrenzen und bestimmen sollen, soweit also, abstrakt gesagt, völkerrechtliche Festsetzungen in Frage stehen, ist der Vorschlag, der gemacht wird, notwendigerweise ein solcher, der für die verschiedenen Staaten zusammen gemacht wird. Das Völkerrecht enthält eben die Sätze, welche zwischen den einzelnen Staaten gelten, wie seine Sätze ja auch im wesentlichen nicht anders entstehen können als durch die Willensübereinstimmung der einzelnen Staaten. Die Internationalität der Sätze, soweit sie das Völkerrecht bilden sollen, ist also ein Bestandteil ihres Wesens. Im übrigen aber bedeutet die Internationalität etwas ganz anderes. Alles Recht, das wir schaffen wollen, soll Recht sein für Deutschland, für Frankreich, für Österreich, für Italien usw., immer für ein einzelnes Land. Unsere Rechte sind nationale Rechte in dem Sinne, daß jeder Staat selbst Quelle seines Rechtes ist. Wenn wir nun ein eignes Luftfahrtrecht anstreben, so wollen wir, daß in Deutschland ein deutsches, in Frankreich ein französisches, in Italien ein italienisches Luftfahrtrecht ausgebildet werde. Was soll also eine internationale Verhandlung? Da wirkt nun ein Gedanke ein, dem man mit spöttischem Lächeln begegnet ist, als er zuerst ausgesprochen wurde, und der doch zu den größten der Zukunft gehört, der Gedanke nämlich, es sei doch eigentlich ein recht unzweckmäßiger und sachlich nicht gerechtfertigter Zustand, daß heute noch die Rechtssätze von Land zu Land durchaus verschieden sind. Wir haben zwar innerhalb Deutschlands die Rechtszersplitterung allerkläglichster Art, unter der wir gelitten haben, schließlich überwunden und statt der fast zahllosen verschiedenen Einzelrechte ein in der Hauptsache einheitliches Recht bekommen; aber immer noch ist das Recht in Deutschland anders als in England, in Frankreich, in Holland, in der Schweiz usw. Die Rechtsordnungen sind nicht nur national in dem Sinne, daß jeder Staat selbst Quelle seines Rechts ist, sie entwickeln sich auch sachlich national, d. h. in allen Ländern verschieden. Und dies nimmt man allgemein als etwas ganz Selbstverständliches hin. Dem gegenüber muß man doch darauf hinweisen, daß zwar gewiß nicht überall, aber doch in weitem Maße die Verhältnisse, um deren rechtliche Regelung es sich handelt, in dem einen Lande völlig die gleichen sind wie in dem anderen. Wenn dabei widerstreitende Interessen abgewogen werden sollen — die Interessenwerte sind hier die gleichen wie dort. Liegt also wirklich ein Grund vor, daß insbesondere das Privatrecht in Deutschland, in der Schweiz, in Österreich, in Frankreich — um nur diese Länder zu nennen — so verschieden ist? ist nicht der höhere Gedanke der, daß die Völker, deren Kulturgemeinschaft von Tag zu Tag enger wird, dereinst auch ein gemeinsames Recht bekommen werden, daß es also — um das bekannte Wort zu gebrauchen — dereinst ein »Weltrecht« geben wird? Als dieser Gedanke zuerst ausgesprochen wurde, hat man, wie bereits erwähnt, darüber gelächelt. Gewiß sind auch die Schwierigkeiten, die sich einer Ausgleichung der schon geltenden Privatrechtsnormen zwischen den einzelnen Staaten entgegenstellen, außerordentlich groß, denn kein Staat gibt die Rechtsnormen, die er bereits besitzt, gern auf, und doch ist inzwischen ein bedeutender Schritt auf diesem Wege vorwärts getan, indem kürzlich ein Weltwechselrecht geschaffen worden ist. Nicht ganz ebenso schwierig scheint eine Einigung da zu sein, wo es sich bei allen Staaten um Schaffung ganz neuer Rechtssätze für ein bisher noch nirgends geregeltes Fragegebiet handelt. So aber steht es mit der Regelung der Luftfahrt. Wie nützlich gerade hier eine Einigung über ein international gleiches Recht sein würde, brauche ich nicht auszumalen. Der Luftverkehr würde unendlich dadurch erleichtert werden, die Luftfahrer könnten, wo immer sie sich befinden, mit viel größerer Sicherheit ermessen, was sie rechtlich tun und lassen sollen. Wenn unser Kongreß international ist, so bedeutet das also, vom Völkerrecht abgesehen, daß er Rechtssätze vorschlagen will, die sich für jeden einzelnen Staat gleichmäßig zur Annahme empfehlen. Mit jeder solchen Gemeinsamkeit wird ein neuer Reif geschmiedet, der den sorgsam zu behütenden Bau des allgemeinen Friedens festigt, und darum muß diesem Gedanken die Sympathie aller gehören.

Freilich und trotzdem: daß dieses Luftfahrtrecht bald kommen wird, wage ich nicht zu hoffen; daß eine völkerrechtliche Bindung an ein solches gemeinschaftliches Luftfahrtrecht rasch eintreten wird, daran glaube ich noch weniger. Aber ich will nicht einmal das Goethische Wort zitieren: »den lieb' ich, der Unmögliches begehrt!«, sondern ich sehe eine Möglichkeit für eine fernere Zukunft voraus. Die Vernunft muß auch hier endlich siegen, dieses Vertrauen müssen wir festhalten. Und wenn man schließlich sagen sollte, daß unsere Wünsche und Bestrebungen nach einem Weltluftfahrtrecht allzu hochfliegend seien — wo würde es wohl entschuldbarer sein in Gedanken so hoch zu fliegen, als auf diesem Gebiete der kühnsten menschlichen Betätigung, auf dem Gebiet eben des Fliegens?

Printed by Libri Plureos GmbH
in Hamburg, Germany